TRAITÉ

THÉORIQUE ET PRATIQUE

DES

EXTRAITS DE COMPTES AVEC INTÉRÊTS

DOUZE MODÈLES VARIÉS

A L'USAGE DES COMPTABLES, BANQUIERS, COMMERÇANTS,
INDUSTRIELS, BAILLEURS DE FONDS ETC.

PAR

AUGUSTE URWILLER

CHEZ L'AUTEUR

A BENFELD (BAS-RHIN)

1867

TRAITÉ

THÉORIQUE ET PRATIQUE

DU

COMPTE COURANT ET D'INTÉRÊTS

PAR

AUGUSTE URWILLER

CHEZ L'AUTEUR
A BENFELD (BAS-RHIN)
1867

AVIS.

Les personnes qui n'ont encore aucune connaissance pratique d'un compte courant et d'intérêts devront commencer par le compte direct (80), qui a le grand avantage d'être le plus facilement compris.

J'ai commencé par le compte renversé, à cause de ses avantages mathématiques.

— —

STRASBOURG, TYPOGRAPHIE DE G. SILBERMANN.

TRAITÉ THÉORIQUE ET PRATIQUE

DU

COMPTE COURANT ET D'INTÉRÊTS.

Extrait de compte.

SON PRINCIPE.

1. — L'extrait de compte, avec ou sans intérêt, a pour principe de récapituler, sur une ou plusieurs feuilles, les opérations faites entre deux personnes pendant un temps donné, et de soumettre cette récapitulation à celle des deux personnes qui n'a pas fait l'extrait de compte, afin qu'elle vérifie les opérations et les reconnaisse.

SON BUT.

2. — L'extrait de compte a pour but d'indiquer la position financière entre deux personnes à une époque fixe.

ORIGINE DE L'EXTRAIT DE COMPTE.

3. — Tel que son titre l'indique, c'est la copie d'un compte, copie récapitulée autant que possible sans nuire à la clarté des opérations relatées.

Dans les maisons où la comptabilité est bien tenue, toutes les opérations sont inscrites, jour par jour, dans un livre appelé *Journal*, d'où elles sont ensuite transcrites par compte, c'est-à-dire que telle opération ayant trait à telle personne est transcrite sur le compte de la personne à laquelle l'objet a rapport, sur un autre livre, où chaque personne a son compte à part, appelé *Grand-Livre*.

CLASSIFICATION DES SOMMES.

4. — Chaque somme devra être placée dans sa colonne respective.

Tel que le Grand-Livre, l'extrait de compte doit être divisé en *Doit* et *Avoir;* toute somme ayant trait au *Doit* doit figurer du côté du *Doit*, et celle qui revient à l'*Avoir* doit figurer à l'*Avoir*.

Il est généralement admis de distinguer les côtés par *Doit* et *Avoir;* dans ce cas la moitié de gauche de la place occupée par le compte est le *Doit*, et la moitié de droite l'*Avoir*.

Quand les côtés sont désignés par *Actif* et *Passif*, l'actif est à gauche et le passif à droite, ce qui est le contraire du *Doit* et de l'*Avoir*.

Actif veut dire *Avoir*. — *Passif* veut dire *Doit*.

DIFFÉRENTES SORTES D'EXTRAITS DE COMPTE COURANT ET D'INTÉRÊTS.

5. — 1° L'Extrait de compte courant à intérêts renversés, appelé simplement *compte renversé*, qui est le plus usuel et qui, au premier abord, paraît très-difficile à comprendre.

2° L'Extrait de compte courant à intérêts directs, appelé simplement *compte direct*, qui est le plus facile à comprendre, mais aussi le plus mal commode comme pratique.

Extrait de compte courant à intérêts renversés, appelé simplement Extrait de compte renversé.

6. — Cet extrait de compte est appelé *renversé*, parce que les intérêts sont renversés et les capitaux directs, c'est-à-dire que les capitaux portés au doit de A sont dus par A, tandis que les nombres ou intérêts, en provenant, sont dus par B; et que les capitaux dus par B sont dus par lui, tandis que les nombres ou intérêts portés en regard de chaque somme respective reviennent à B et sont dus par A.

Plusieurs banquiers ont l'habitude de porter de suite, en regard de chaque somme, les intérêts en place des nombres.

AVANTAGES DE L'EXTRAIT DE COMPTE A INTÉRÊTS RENVERSÉS.

7. — Cet extrait de compte et d'intérêts présente sur l'extrait de compte à intérêts directs le grand avantage de calculer jour par jour les nombres de chaque somme, et peut être arrêté à volonté, ayant une époque (8) de départ sans limite d'arrêté; tandis que l'extrait de compte à intérêts directs a l'inconvénient de fixer le jour de son arrêté dès le début du compte, ce qui empêche de préparer sa clôture par un travail anticipé.

Explication des opérations de l'Extrait de compte à intérêts renversés.

ÉPOQUE.

8. — On appelle *époque*, le jour où l'extrait de compte renversé commence; chaque fois que cette date se présente dans le compte, il n'y a ni jours, ni nombres ou intérêts, à porter, et l'on a soin de mettre en regard de la somme échue ce jour-là le mot *époque*; cette somme étant exigible ce jour, ne peut porter intérêts que par la *Balance des capitaux* (22).

JOURS.

9. — On appelle *jours* de l'extrait de compte à intérêts renversés, le temps entre l'époque du compte et l'échéance de la somme.

NOMBRES.

10. — Les nombres sont le produit de la somme multipliée par ses jours.

MANIÈRE PRATIQUE DE CALCULER LES NOMBRES.

11. — L'usage est généralement admis de n'opérer que sur les francs, et de négliger les centimes; la différence entre cette manière d'opérer et celle indiquée par la théorie (32), est pour ainsi dire nulle et évite une masse de chiffres qui prolongeraient, sans trop de raison, un travail généralement abrégé.

Quand le produit de la multiplication des francs par les jours est connu, grand nombre de comptables affaiblissent ce produit cent fois, c'est-à-dire, négligent les deux derniers chiffres de droite; ils font de même à l'égard du *Diviseur* (33), qu'ils affaiblissent également cent fois.

Cette manière d'opérer, quoique n'étant pas très-juste, se rapproche tellement du résultat réel et exact, qu'il est inutile d'opérer sur un plus grand nombre de chiffres.

Exemple. 300 francs en 10 jours.

Opération théorique. $300 \times 10 = 3,000$ nombres.
Opération pratique. $300 \times 10 = 30$ nombres.

Exemple. 335 francs en 5 jours.

Opération théorique. $335 \times 5 = 1675$ nombres.

Opération pratique. $335 \times 5 = 16$ nombres.

Différentes sortes de nombres.

12. — Les nombres rouges et les nombres noirs.

Nombres rouges.

LEUR DÉNOMINATION.

13. — Les nombres rouges tiennent leur nom de l'encre rouge que l'on emploie généralement pour les distinguer des nombres noirs.

LEUR ORIGINE.

14. — Les nombres rouges de l'extrait de compte à intérêts renversés (6) proviennent d'un capital échu avant l'époque (8) du compte ; ce capital est multiplié par le temps compté depuis son échéance jusqu'à celui où le compte commence.

Ainsi, un compte qui commence le 31 décembre 1866, et qui porte une somme qui était échue le 10 décembre 1866 ; cette somme produit des nombres rouges.

Exemple. 100 francs valeur 10 décembre sur un compte commençant le 31 du même mois.

Opération. Du 10 au 31 décembre il y a 21 jours. 100 francs $\times$ 21 jours $=$ 21 nombres rouges.

BUT DES NOMBRES ROUGES.

15. — Dans le compte renversé, le but des nombres rouges est de tenir compte des intérêts provenant d'un capital échu avant l'époque du compte, pendant la période qui précède la naissance du compte.

Les nombres rouges devront toujours être convertis en nombres noirs, et se confondre avec ces derniers, si l'on veut éviter deux sommes d'intérêts dans les colonnes des capitaux.

EFFET DES NOMBRES ROUGES.

16. — Leur effet est de changer, par leur transformation en nombres noirs, la balance des nombres noirs (27), qui sera d'au-

tant plus forte ou plus faible, selon que les nombres rouges sont en faveur de l'un ou de l'autre côté du compte.

Les nombres rouges, dans le compte à intérêts renversés, sont directs, c'est-à-dire qu'ils représentent l'intérêt que porte une somme depuis son échéance jusqu'à l'époque du compte, et qu'ils reviennent au côté où ils se trouvent.

Pour n'avoir qu'une seule somme d'intérêts à mettre dans la colonne des capitaux, au lieu de deux (intérêts rouges et intérêts noirs), il suffit de transformer les nombres rouges en nombres noirs.

TRANSFORMATION DES NOMBRES ROUGES.

17. — On obtient cette transformation en portant les nombres rouges d'un côté du compte, du côté opposé, en nombres noirs; s'il y a des nombres rouges au doit et à l'avoir, on porte ceux du doit en nombres noirs à l'avoir, et ceux de l'avoir en nombre noirs au doit, ou bien, en une seule somme par la balance des nombres rouges (18).

Par cette transformation, les nombres rouges qui sont directs seront désormais sans objet, et deviennent des nombres noirs renversés.

BALANCE DES NOMBRES ROUGES.

18. — S'il y a des nombres rouges des deux côtés du compte, il est inutile de porter chaque total du côté opposé en nombres noirs, attendu qu'une partie des chiffres se balance; il suffit de porter leur différence, ou balance des nombres rouges, en nombres noirs, du côté où les nombre rouges sont les plus faibles, pour produire l'effet des nombres rouges (16).

Cette balance des nombres rouges ne représente les intérêts des capitaux auxquels ils se rapportent que pendant la période qui précède le commencement du compte; les intérêts de la période du compte même se retrouveront dans la balance des capitaux (22); il faut donc, pour éviter deux opérations distinctes, confondre les nombres rouges avec les nombres noirs, et les capitaux des nombres rouges avec les autres capitaux.

Nombres noirs.

19. — Les nombres noirs du compte renversé, écrits avec l'encre noire, et communément appelés nombres, sont le produit d'une somme échue après l'époque (8) du compte, multipliée par ses jours (9).

BUT DES NOMBRES NOIRS.

20. — Leur but est d'économiser du travail, en les portant sur le compte en place des intérêts qu'ils représentent; car, outre qu'ils permettent d'ignorer le taux au moment où l'on commence les opérations, l'on n'est obligé de ne faire qu'une seule division à la fin du compte, quand on convertit leur balance en intérêts, au lieu d'en faire une à chaque somme, si l'on voulait placer les intérêts en regard des sommes.

Cette manière d'opérer abrège le travail de moitié, et donne un résultat sujet à moins d'erreurs, étant trouvé par moins d'opérations.

EFFET DES NOMBRES NOIRS.

21. — Les nombres noirs donnent un résultat opposé à celui qu'ils devraient donner, car ils indiquent l'intérêt produit pendant un temps qui ne devait point en porter; c'est-à-dire qu'ils représentent l'intérêt d'une somme depuis le commencement du compte jusqu'à l'échéance de cette somme; or une somme qui n'est pas due ne doit pas porter intérêts, ce sont donc des résultats renversés qu'ils donnent.

Ces résultats renversés se rectifient par une opération appelée *balance des capitaux*, s'il y a des sommes au doit et à l'avoir du compte. Ou, s'il n'y a des sommes que d'un côté du compte, par l'addition de ces sommes, portée du côté opposé, sous le titre de balance des capitaux. Cette balance des capitaux est multipliée par toute la période du compte, et son produit, ou nombres, porté en regard dans la colonne des nombres; de cette manière, les nombres comptés pendant un temps qui ne devait point produire d'intérêts seront balancés par les nombres représentant les intérêts que la balance des capitaux (25) a produits pendant toute la période du compte.

Balance des capitaux.

22. — La balance des capitaux est la différence entre les sommes ou capitaux du doit et de l'avoir du compte, avant que les intérêts changes, ou tout autres frais y figurent.

Si le compte n'a des sommes que d'un côté, c'est-à-dire qu'au doit ou qu'à l'avoir, la balance des capitaux est la somme totale de ces capitaux.

EMPLOI DE LA BALANCE DES CAPITAUX.

23. — La balance des capitaux n'est employée que dans les comptes à intérêts renversés, et se place du côté où l'addition des capitaux est la plus faible, sans être émargée; son produit est porté en regard dans la colonne des nombres ou intérêts, pour être compris dans leur addition.

Elle ne saurait être portée dans la colonne des francs, parce qu'elle ne sert que pour rectifier les nombres ou intérêts.

MULTIPLICATEUR DE LA BALANCE DES CAPITAUX.

24. — Il faut multiplier la balance des capitaux par toute la période du compte; ainsi, pour un compte d'une année, il faut multiplier la balance des capitaux par le nombre de jours contenus dans l'année.

BUT ET EFFET DE LA BALANCE DES CAPITAUX.

25. — On a vu (21) sous la rubrique: *Effet des nombres noirs*, que les nombres placés en regard des sommes représentent un intérêt qui n'est pas dû; s'il n'y a des sommes que d'un côté du compte, on les additionne et les porte du côté opposé sous le titre de balance des capitaux; cette addition ou balance des capitaux est multipliée par les jours comptés depuis l'époque (8) à la fin du compte et le produit mis en regard dans la colonne des nombres; ces nombres représentent, en conséquence, les intérêts que les capitaux ont portés pendant toute la durée du compte; or en additionnant les nombres du côté des capitaux et en les soustrayant des nombres de la balance des capitaux, on soustraira des nombres improprement comptés pendant toute la période du compte, ceux comptés pendant le temps qui a précédé les échéances des sommes ; la différence sera les nombres qui représentent les intérêts que les sommes ont réellement portés.

Exemple. Un compte renversé au taux de 6 %/₀ l'an, commençant le 1ᵉʳ janvier et finissant le 31 décembre de la même année, ne porte qu'une somme de 100 fr. échus le 30 juin ; cette somme figure au doit du compte.

Opération. L'on commence par calculer les nombres de la somme de 100 fr., soit : du 1ᵉʳ janvier au 30 juin il y a 180 jours, l'année comptée pour 360 jours, ce qui donne 100 × 180 = 180 nombres.

Il faut ensuite faire la balance des capitaux qui est 100 fr., que l'on porte à l'avoir, qui est le côté le plus faible, et on multiplie cette somme par la période du compte, pour avoir les nombres de la balance des capitaux, soit : 100 × 360 (période du compte) = 360 nombres, que l'on porte en regard de la balance des capitaux.

L'on soustrait ensuite les 180 nombres du doit du compte, des 360 de l'avoir, et la différence, qui est la balance des nombres, sera les nombres représentant les intérêts réels du compte ;

soit : les 360 nombres de l'avoir,
moins les 180 nombres du doit,

reste 180 nombres, : 60 = 3 fr. intérêts.

Cent francs en un an portant 6 fr., il est évident qu'en la demi-année ils ne portent que 3 fr.

S'il y a des capitaux des deux côtés du compte, on devrait multiplier chaque somme, ou au moins le total de chaque côté, par toute la période du compte et porter leurs produits respectifs chaque fois du côté opposé, dans la colonne des nombres ; mais, comme une partie des sommes et conséquemment des deux produits s'équilibrent, ayant un même multiplicateur, il suffit d'opérer sur la différence des capitaux ; cette différence ou balance est portée du côté où les capitaux sont les plus faibles et rendra la balance des nombres (27) très-juste.

NÉCESSITÉ ABSOLUE DE LA BALANCE DES CAPITAUX.

26. — Pour éviter deux grandes opérations à la fin du compte à intérêts renversés, il est de toute rigueur de faire la balance des capitaux, car, à moins qu'on ne fasse les produits des capitaux du doit et de l'avoir, les intérêts ne sauraient être justes, si la balance des capitaux n'était faite.

Balance des nombres noirs, appelée balance des nombres.

27. — Il suffit d'appeler cette balance, *balance des nombres,* parce qu'elle ne peut être faite qu'après la conversion des nombres rouges en nombres noirs ; or, aussitôt cette transformation (17) opérée, le compte est envisagé comme n'ayant que des nombres noirs, les rouges étant dorénavant sans objet et ne figurant plus que pour mémoire.

La transformation des nombres rouges en nombres noirs ayant eu lieu, la balance des nombres est la différence entre les nombres noirs du doit et ceux de l'avoir.

EFFET DE LA BALANCE DES NOMBRES.

28. — Cette balance étant toujours placée du côté le plus faible des nombres, a pour effet d'équilibrer les nombres du doit et de l'avoir.

BUT DE LA BALANCE DES NOMBRES.

29. — La balance des nombres, divisée par le diviseur (33), indique la différence ou solde des intérêts du compte, et à qui ce solde revient.

INTÉRÊTS OU QUOTIENT DE LA BALANCE DES NOMBRES.

30. — Les intérêts ou quotient de la balance des nombres sont le quotient du solde des nombres du compte divisés par le diviseur (33).

Dans le compte à intérêts renversés, le solde des intérêts ou le quotient de la balance des nombres doit être placé dans la colonne des capitaux, en regard de la balance des nombres, et additionné avec les capitaux de ce côté, afin d'être compris dans le solde du compte.

Comme les nombres placés en regard des capitaux sont renversés, il faut nécessairement que leur différence soit également renversée; c'est-à-dire que le solde des nombres et conséquemment le quotient de ce solde revienne au côté où les nombres sont les plus faibles, contrairement au compte direct, où le quotient des nombres revient naturellement au côté des capitaux où les nombres sont les plus forts.

Cela prouve une fois de plus que les nombres ou les intérêts en regard des sommes du compte renversé reviennent aux capitaux du côté opposé où ils figurent.

Diviseur des nombres.

ANNÉE.

31. — Les jours de l'année sont la base du diviseur des nombres.

Généralement l'année est comptée pour 360 jours; néanmoins on la compte quelquefois pour ses jours réels, soit: 365 ou 366 jours.

Méthode théorique pour trouver le diviseur.

32. — L'on commence par fixer le nombre de jours de l'année. En admettant l'année à 360 jours, on dit :

Si 100 fr. en 360 jours rapportent 5 fr. d'intérêts,
325 fr. en 55 jours rapportent x ;

ou, ce qui revient au même, en réduisant cette règle en une règle de proportion simple, ce qui s'obtient en multipliant chaque capital par ses jours, on dirait :

Si 36,000 fr. produisent 5 fr. en un jour,
17,875 fr. produiront x fr. en un jour.

Soit en établissant la proportion :

$$36{,}000 : 5 :: 17{,}875 : x,$$

ou $x = \dfrac{5 \times 17{,}875}{36{,}000}$ soit en réduisant $\dfrac{17{,}875}{7{,}200} =$ intérêts fr. 2,48^c

On obtient la réduction en laissant le numérateur tel quel, au lieu de l'augmenter 5 fois, et en diminuant 5 fois le dénominateur au lieu de le laisser tel quel, ce qui revient au même.

Le numérateur n'est autre chose que les nombres du compte, sans affaiblissement, et le dénominateur le diviseur non affaibli du compte.

Deuxième exemple.

Si 100 fr. en 360 jours rapportent 5 fr.,
535 fr. en 5 jours rapportent x fr.,

ou, ce qui revient au même,

Si 36,000 fr. rapportent 5 fr. en 1 jour,
2,675 fr. rapportent x fr. en 1 jour.

En établissant la proportion, on a :

$$36,000 : 5 :: 2,675 : x,$$

$$\text{soit } x = \frac{5 \times 2,675}{36,000} = \frac{2,675}{7,200} = \text{intérêts fr. } 0,37^c$$

Nous voyons que l'on a toujours pour dénominateur le chiffre 7,200, si le taux est 5 % n'importe le numérateur, qui n'est autre chose que les nombres, non affaiblis, d'un compte.

Il en est de même pour tous les taux.

Soit par exemple le 6 %.

Je dis : 100 fr. en 360 jours produisent 6 fr.,
325 fr. en 9 jours produisent x fr.,

ou, ce qui revient au même :

36,000 fr. rapportent 6 fr. en 1 jour,
2,925 fr. rapportent x fr. en 1 jour,

$$\text{soit } 36,000 : 6 :: 2,925 : x,$$

$$x = \frac{6 \times 2,925}{36,000} = \frac{2,925}{6,000} = \text{intérêts fr. } 0,48^c$$

Le 6 % a donc pour dénominateur ou diviseur 6,000, quand les nombres n'ont point été affaiblis.

Méthode pratique pour trouver le diviseur.

33. — Dans la pratique on se contente, sans autre raisonnement, de diviser les jours de l'année par le taux de l'intérêt du compte, et le quotient sera le diviseur cherché.

Exemple pour le 5 %.

L'année étant comptée pour 360 jours, on a :

$$360 : 5 = 72, \text{ diviseur cherché.}$$

Exemple pour le 6 %.

L'année étant comptée pour 360 jours, on a :

$$360 : 6 = 60, \text{ diviseur cherché.}$$

On voit que ces deux diviseurs sont 100 fois trop faibles, ainsi que le prouve la théorie ; c'est pour cette raison que l'on affaiblit 100 fois les nombres ; les nombres étant le numérateur de la fraction ; et comme, pour conserver une fraction juste, on est obligé de réduire numérateur et dénominateur dans une même proportion, il est évident qu'il faut agir de même à l'égard des nombres d'un compte qui ne sont que le numérateur d'une fraction ayant pour dénominateur leur diviseur, comme tout dénominateur est le diviseur de son numérateur.

PARALLÈLE ENTRE LA MÉTHODE THÉORIQUE ET LA MÉTHODE PRATIQUE
DU DIVISEUR ET DES NOMBRES.

34. — 8,000 fr., en 5 jours, à 5 % résolu par la théorie :

Opérations. 360 jours × 100 = 36,000 : 5 % = 7,200 diviseur,

fr. 8,000 × 5 jours = 40,000 nombres : 7,200 = fr. 5,55 intérêts.

8,000 fr., en 5 jours, résolu par la pratique :

Opérations. 360 jours : 5 % = 72 diviseur,

fr. 8,000 × 5 jours = 400 nombres : 72 = fr. 5,55 intérêts.

Solde.

35. — Après avoir mis dans chaque colonne des capitaux les intérêts, frais, ou toute autre somme qui lui revient et dont le compte est susceptible pendant toute sa durée, on fait l'addition de chaque côté, on soustrait l'un de l'autre, et la différence, s'il y en a une, s'appelle *solde*.

PLACE OCCUPÉE PAR LE SOLDE.

36. — Le solde doit être porté du côté où les capitaux sont les plus faibles, dans l'unique but de les balancer, c'est-à-dire d'équilibrer les totaux.

Le solde revient au côté le plus fort, quoiqu'il figure dans l'intérieur du compte, sous le titre *solde à nouveau*, dans celui le plus faible ; à l'extérieur, ou après la clôture, il occupe la place qui lui est propre, et indique, sous le titre *solde nouveau*, la position définitive des deux correspondants à la date où le compte est arrêté.

37. — Après avoir placé le solde, on met les initiales : S. E. O. Cela veut dire : *Sauf Erreur ou Omission*.

Puis la date où le compte est arrêté, et enfin la signature.

Modèles d'Extraits de comptes à intérêts renversés.

AVIS.

38. — Dans tous les modèles de compte, j'ai pris le mois de février pour 29 jours ; il y a des comptables qui comptent les mois tels quels ; d'autres les comptent indistinctement pour 30 jours.

A. Modèle d'un compte renversé à un taux d'intérêts.

Doit *Monsieur SCHIRMER, à Hüttenheim, son compte courant et d'intérêts à 6 %, l'an au 30 juin 1864.* **Avoir.**

DATES.		DÉSIGNATIONS.	ÉCHÉANCES.		SOMMES.	JOURS.	NOMBRES.	DATES.		DÉSIGNATIONS.	ÉCHÉANCES.		CAPITAUX.	JOURS.	NOMBRES.
1864								1864							
Janvier	1	Ma facture	Février	29	Fr. 6,000 »	60	3,600	Février	3	1 effet sur Paris	Février	28	Fr. 2,000 »	59	1,180
Mai	9	» »	Juin	22	3,000 »	174	5,220	Juin	1	¼ » Marseille	Juin	30	4,000 »	182	7,280
Juin	30	Balance des nombres : 60.	»	30	85 »		5,100	»	30	Balance des capitaux fr. 3,000.				182	5,460
								»	»	Solde à nouveau	»	»	3,085 »		»
					Fr. 9,085 »		13,920						Fr. 9.085 »		13,920
»	»	Solde nouveau	Juin	30	Fr. 3,085 »	»									

S. E. O. (37).

Benfeld, le 30 juin 1864.

AUGUSTE URWILLER.

Opérations de ce compte.

Après avoir rempli les colonnes des dates, désignations, échéances et capitaux (4), on fait les opérations dans l'ordre suivant :

1º Les jours (9).
2º Les nombres (10 et 11).
3º La balance des capitaux (22 et 23).
4º Les jours de la balance des capitaux (24).
5º Les nombres de la balance des capitaux (10).
6º La balance des nombres (27 et 28).
7º Les intérêts ou quotient de la balance des nombres (30 et 33).
8º Le solde (35 et 36).
9º Les additions des capitaux et des nombres.
10º Le solde nouveau (35 et 36).

B. Modèle d'un compte renversé à deux taux d'intérêts simples et à deux époques.

Doit   *Monsieur J. SCHMUTZ, à Strasbourg, son compte courant et d'intérêts au 30 juin 1864.*   **Avoir.**

Doit

DATES.		DÉSIGNATIONS.	INTÉRÊTS.	ÉCHÉANCES.		CAPITAUX.	JOURS.	NOMBRES.
1864								
Janvier	1	Ma facture		Janvier	10	Fr.1.000 »	10	100
»	30	» »		Février	20	100 »	51	51
Avril	8	» »		Mars	30	500 »	90	451
»	»	Balance des nombres 6°/₀ Fr.8 70						522
						Fr.1,600 »		1.123
»	»	Solde nouveau . . .		Avril	8	Fr. 800 »	Épo que.	»
»	»	Ma facture		Mai	20	100 »	52	42
Juin	2	» »		Juin	30	200 »	83	275
»	30	Balance des nombres 4°/₀ 8 40						728
»	»	Solde des intérêts à ce jour Fr.16 80				16 80		
						Fr.1.216 80		1.019
»	»	Solde nouveau		Juin	30	Fr. 575 80		

Avoir

DATES.		DÉSIGNATIONS.	INTÉRÊTS.	ÉCHÉANCES.		CAPITAUX.	JOURS.	NOMBRES.
1864								
Janvier	9	Sa remise sur Lyon . .		Janvier	30	Fr. 500 »	30	150
Février	1	» » Paris . .		Février	9	200 »	40	80
Mars	28	» » Havre . .		Avril	10	100 »	101	101
Avril	8	Balance des capitaux F.800		»	8			
»	»	Solde à nouveau . . .		»	»	800 »	99	792
						Fr 1,600 »		1.123
Mai	6	Sa remise sur Paris . .		Juin	8	Fr. 100 »	61	61
»	15	1 effet sur Laon . . .		»	20	40 »	73	29
»	30	4 » divers . .		Juillet	10	500 »	93	165
Juin	30	Balance des capitaux 4.560					83	464
»	»	Solde à nouveau . . .		Juin	30	576	80	
						Fr.1,216	80	1,019

S. E. O.

Benfeld, le 8 mars 1867.

Auguste Urwiller.

Explications et opérations du compte B.

39. — L'extrait de compte renversé à deux intérêts simples peut être fait de quatre manières différentes ; celle indiquée ci-dessus dans le modèle B est la plus simple et la plus facile à comprendre, mais elle n'est pas la plus commode, ainsi que le prouveront les trois comptes C, D et E ci-après.

Pour pouvoir employer cette formule, il faut connaître le taux du second intérêt le jour même où il entre en vigueur, parce que ce compte a deux opérations distinctes et indépendantes l'une de l'autre, ce qui oblige à lui donner deux époques ; si le second taux n'était connu le jour même où il est applicable, on ne saurait continuer de calculer les nombres jour par jour, et il faudrait suspendre ces opérations jusqu'à ce que le second taux soit connu.

Le taux de l'intérêt peut être susceptible de changements par des causes diverses, qui peuvent être prévues ou imprévues ; il est en conséquence utile de connaître les moyens de parer à ces éventualités.

OPÉRATIONS DE LA PREMIÈRE PÉRIODE D'INTÉRÊTS DU COMPTE B.

40. — Après avoir posé les sommes de la première période d'intérêts, c'est-à-dire les sommes soumises au taux de 6 %, qui a commencé le 1er janvier et cessé le 8 avril, on fait les opérations suivantes :

Les jours (9).

Les nombres (10 et 11).

La balance des capitaux (22 et 23).

Les jours de la balance des capitaux (24).

41. — *Remarque*. Comme on ne fait les intérêts que pendant la première période du compte, on ne peut prendre pour multiplicateur de la balance des capitaux que les jours contenus dans la première période, c'est-à-dire du 1er janvier au 8 avril pour ce compte.

Les nombres de la balance des capitaux (10).

La balance des nombres (27 et 28).

Le diviseur des nombres (33).

Le quotient ou intérêts des nombres (30 et 33).

42. — *Remarque.* Ce compte est à intérêts simples, c'est-à-dire que les intérêts ne doivent pas porter de nouveaux intérêts ; pour éviter le danger de les comprendre dans les additions dont la différence sera le solde des capitaux ou solde à nouveau, il est prudent de les placer dans une colonne qui leur est réservée, soit la colonne des intérêts.

Le solde à nouveau (35 et 36) sans les intérêts.

Les additions des capitaux et des nombres.

SECOND TAUX DU COMPTE B.

43. — Après avoir placé le solde de la première période, on copie les capitaux de la seconde période, soit du reste du compte, et on fait ensuite les opérations dans l'ordre suivant :

OPÉRATIONS DE LA SECONDE PÉRIODE DU COMPTE B.

Les jours.

44. — *Remarque.* Cette seconde et dernière partie du compte étant considérée comme un nouveau compte, à cause de la clôture de la première partie, a son époque, comme l'autre, et les jours devront en conséquence être comptés depuis cette nouvelle époque.

Les nombres.

La balance des capitaux.

45. — *Remarque.* La première partie ayant porté ses intérêts, la balance des capitaux ne devra être faite que sur les sommes de la seconde période.

Les jours de la balance des capitaux.

46. — *Remarque.* Les jours des sommes de cette seconde partie n'étant comptés que depuis la seconde époque, les jours de la balance des capitaux ne sauraient être comptés à partir d'une autre date.

Les nombres de la balance des capitaux.

La balance des nombres.

47. — *Remarque.* Les intérêts de la première partie ayant été calculés, il va de soi que leurs nombres ne sauraient plus être employés ; il ne faut donc opérer que sur les nombres de la seconde partie.

Le diviseur des nombres.

Le quotient des nombres.

48. — *Remarque.* Ces intérêts seront placés dans la colonne qui leur est réservée, comme ceux de la première partie.

49. — L'addition et l'émargement seront placés dans la colonne des francs des intérêts du compte, pour être compris dans les additions qui donneront le solde à nouveau.

Le solde à nouveau (35 et 36).

Les additions des capitaux et nombres.

C. Modèle d'un compte renversé à deux taux d'intérêts simples et à une époque.

Doit   *Mademoiselle Françoise-Louisa URWILLER, à Ribeauvillé, son compte courant et d'intérêts au 30 juin 1864.*   **Avoir.**

Doit

1864		Désignation	Échéance		Fr.	c.		Nombres
Janvier	1	Ma facture	Janvier	10	Fr. 1,000	»	10	100
»	30	»	Février	20	100	»	51	51
Avril	8	»	Mars	30	500	»	90	450
»	»	Balance des nombres 6 %. .			8	70		522
								1,123
»	30	Ma facture	Mai	20	100	»	141	141
Juin	2	»	Juin	30	300	»	182	546
»	30	Balance des capitaux de la seconde période fr. 240 . . .					182	436
»	»	Balance des nombres 4 %. .			8	10		729
					Fr. 2,016	80		1,852
»	»	Solde nouveau	Juin	30	Fr. 576	80		

Avoir

1864		Désignation	Échéance		Fr.	c.		Nombres
Janvier	9	4 effets sur Lyon	Janvier	30	Fr. 500	»	30	150
Février	1	1 » » Paris	Février	9	200	»	40	80
Mars	28	1 » » Havre.	Avril	10	100	»	101	101
Avril	8	Balance des capitaux Fr. 800.	»	8		»	99	792
								1,123
Mai	6	4 effets sur divers	Juin	8	100	»	160	160
»	15	1 » » Paris	»	20	40	»	172	68
»	30	2 » » Lyon	Juillet	10	500	»	192	960
Juin	30	Balance des capitaux de la première période Fr. 800. .					83	664
»	»	Solde à nouveau	Juin	30	576	80		
					Fr. 2,016	80		1,852

S. E. O.

Benfeld, le 25 mars 1865.

AUGUSTE URWILLER.

Compte C.

AVANTAGES DE CE COMPTE SUR LE PRÉCÉDENT.

49 bis. — Ce compte a le grand avantage, sur le compte B, qu'on peut calculer sur le livre dont il est extrait, jour par jour les nombres, sans s'inquiéter de l'époque où le taux de l'intérêt change, parce que les jours ont tous le même point de départ ; ceci permet au comptable de faire sur la copie ou transcription les opérations finales de chaque période, telles qu'elles se trouvent indiquées au compte C, sans l'obliger à recalculer les nombres.

OPÉRATIONS DE LA PREMIÈRE PÉRIODE D'INTÉRÊTS DU COMPTE C.

Après avoir posé toutes les sommes de la première période, on calcule, si les nombres ne le sont déjà :

1° Les jours (9).
2° Les nombres (10 et 11).
3° La balance des capitaux (22 et 23).
4° Les jours de la balance des capitaux (24 et 41).
5° Les nombres de la balance des capitaux (10).
6° La balance des nombres (27 et 28).
7° Le diviseur des nombres (33).
8° Les intérêts ou quotient de la balance des nombres (30 et 33).
9° Les additions des nombres.

51. — Ces neuf opérations terminées, on a les intérêts de la première période ; reste à trouver ceux de la seconde, en conservant le 1er janvier pour le jour de départ, et les intérêts des capitaux de la première période pendant la seconde.

OPÉRATIONS DE LA SECONDE PÉRIODE D'INTÉRÊTS DU COMPTE C.

Après avoir copié toutes les sommes de la seconde et dernière partie, on fait les opérations suivantes :

Les jours.

52. — *Remarque.* Comme l'on veut conserver l'ancienne époque, soit le 1er janvier, pour point de départ, il faut additionner les jours depuis cette époque jusqu'à l'échéance de chaque somme.

Les nombres.

La balance des capitaux de toutes les sommes de la seconde période.

53. — *Remarque.* Comme on n'opère que sur les nombres de la seconde période, il est clair, ainsi que le démontre le § 25, que ces nombres ne sauraient être redressés ou rendus directs que par la balance de leurs propres capitaux.

Les jours de la balance des capitaux.

54. — *Remarque.* Comme les nombres des capitaux de cette seconde période sont calculés depuis le 1er janvier, il faut multiplier la balance des capitaux par les jours compris entre le 1er janvier et la fin de la seconde et dernière période d'intérêts du compte, par la raison qu'une somme porte intérêts pendant une année, moins le temps compris entre le commencement de cette année et son échéance respective.

Les nombres de la balance des capitaux de la seconde période.

La balance des capitaux de la première période, qui se place du côté où les capitaux de la première période sont les plus faibles.

55. — *Remarque.* Les capitaux de la première période d'intérêts ayant porté intérêts jusqu'au 8 avril, ils ont encore à porter intérêts depuis ce jour jusqu'à la fin du compte, soit au 30 juin ; il faut, en conséquence, les reporter dans la seconde période, afin de comprendre leurs nouveaux intérêts dans le solde du compte.

La balance des capitaux donnant la différence des capitaux entre le doit et l'avoir, il est inutile de reporter toutes les sommes : leur balance est suffisante.

Les jours de la balance des capitaux de la première période.

56. — 1re *Remarque.* Ces capitaux ne devant plus porter intérêts que pendant la seconde période, il faut multiplier leur balance par les jours pendant lesquels ils ont à porter le nouvel intérêt, soit du 8 avril au 30 juin ; le produit donnera des nombres directs, c'est-à-dire des nombres représentant la somme des intérêts que ces capitaux ont portés pendant ce temps.

57. — 2e *Remarque.* Comme ces nombres directs devront être confondus dans les nombres renversés qui précèdent, afin de donner en un seul quotient les intérêts simples de toutes les sommes de la seconde période, il faut les porter du côté opposé des capitaux

auquel la balance des capitaux de la première période revient ; c'est-à-dire, que si les capitaux du doit de la première période sont plus forts que ceux de l'avoir, il faut porter la balance des capitaux et ses nombres à l'avoir, les nombres de l'avoir étant ceux du doit ; et que si les capitaux de l'avoir de la première période sont plus forts que ceux du doit, ce qui ferait que le solde des capitaux serait en faveur de l'avoir, il faut porter la balance de ces capitaux avec leurs nombres du côté du doit, car alors on mettra de suite les nombres du côté auquel ils appartiennent, les nombres du doit étant ceux de l'avoir des capitaux, et réciproquement ; il n'y a de renversé que les nombres (6).

Les nombres de la balance des capitaux de la première période ; que l'on place en regard des jours.

Les additions de tous les nombres portés pendant la seconde période.

58. — La balance des nombres de la seconde période.

Le diviseur du second taux.

Le quotient ou intérêts de la balance des nombres de la seconde période.

Les additions de tous les capitaux, frais, intérêts de tout le compte.

Le solde à nouveau (35 et 36).

Arrêter le compte (37).

D. Modèle d'un compte renversé à deux taux d'intérêts simples et à une époque.

Doit   *Monsieur DOLLFUS, du Havre, son compte courant et d'intérêts au 30 juin 1866.*   **Avoir.**

DATES.	DÉSIGNATIONS.	INTÉRÊTS.	ÉCHÉANCES.	CAPITAUX.	JOURS.	NOMBRES.	DATES.	DÉSIGNATIONS.	INTÉRÊTS.	ÉCHÉANCES.	CAPITAUX.	JOURS.	NOMBRES.
1866													
Janvier 1	Ma facture		Janvier 10	fr. 1.000 »	10	100	Janvier 9	4 effets sur Lyon . . .		Janvier 30	fr. 500 »	30	150
» 30	» . . .		Février 20	100 »	51	51	Février 11	» Paris . .		Février 9	200 »	40	80
Avril 8	» . . .		Mars 30	500 »	90	450	Mars 28 2	» Havre . .		Avril 10	100 »	101	101
» »	Balance des nombres 6 % f. 8 70					522	Avril 8	Balance des capitaux f. 800		» 8		99	792
						1,123							1,123
» 30	Ma facture . . .		Mai 20	100 »	141	141	Mai 6	2 effets sur Nantes . .		Juin 8	100 »	160	160
Juin 2	» . . .		Juin 30	303 »	182	546	» 15 1	» Laon . .		» 20	40 »	172	64
» 30	Pour ramener la 1re balance des capitaux à l'époque de la 2e période fr. 800 . . .				99	792	» 3.. 3	» Strasbourg .		Juillet 10	500 »	192	960
» »	Balance des nombres 4 % f. 8 40			16 80		729	Juin 30	Balance des capitaux f. 560		Juin 30		182	1,020
							» »	Solde à nouveau . . .		» »	576 80		
				fr. 2,016 80		2,208					fr. 2,016 80		2,208
»	Solde nouveau . . .		Juin 30	fr. 576 80									

S. E. O.

Benfeld, le 31 mars 1867.

AUGUSTE URWILLER.

Avantages du compte D sur ceux B et C.

59. — Ce compte, comme celui C, a le grand avantage de calculer les nombres d'avance (49 *bis*); il a, en outre, celui, sur le compte C, d'exiger moins d'opérations, tout en donnant le même résultat.

DISTRIBUTION DES SOMMES DE CE COMPTE.

60. — Ainsi que les opérations de ce compte le prouveront, il est prudent de porter les intérêts de chaque période dans une colonne réservée à cet effet; quant aux autres chiffres, il faut les placer comme dans tous les comptes.

OPÉRATIONS DE LA PREMIÈRE PÉRIODE D'INTÉRÊTS DU COMPTE D.

Après avoir posé toutes les sommes de cette période, on calcule :
Les jours (9).
Les nombres (10 et 11).
La balance des capitaux (22 et 23).
Les jours de la balance des capitaux (24 et 41).
Les nombres de la balance des capitaux (10).
La balance des nombres (27 et 28).
Le diviseur des nombres (33).
Le quotient ou intérêts de la balance des nombres (30 et 33).
61. — *Remarque.* Il faut placer ce quotient ou intérêts dans une colonne à part, afin de ne point les comprendre dans la seconde balance des capitaux, car si on les y comprenait, ils porteraient un nouvel intérêt, qui n'est pas dû.
Arrêter les nombres.

OPÉRATIONS DE LA SECONDE PÉRIODE D'INTÉRÊTS DU COMPTE D.

Après avoir posé les sommes de la seconde et dernière période de ce compte, on calcule :
Les jours.
62. — *Remarque.* Comme ce compte n'a qu'une époque, il faut, comme au compte C, compter les jours depuis le commencement du compte jusqu'à l'échéance de chaque somme; cette manière

d'opérer ne change rien aux intérêts, attendu que la balance des capitaux les rectifiera.

Les nombres.

La balance de tous les capitaux du compte, soit depuis le 1er janvier au 30 juin.

Les jours de la balance des capitaux.

63. — *Remarque.* Les nombres des diverses sommes du compte étant les produits des jours comptés depuis le 1er janvier, il faut, suivant le § 25, multiplier cette seconde balance des capitaux par les jours comptés depuis la même époque jusqu'à la fin du compte, soit depuis le 1er janvier au 30 juin.

Les nombres de la balance des capitaux.

OBSERVATION.

64. — L'on voit que tous les capitaux du compte, depuis le commencement jusqu'à la fin, sont compris dans cette seconde balance des capitaux ; il en résulte que la balance ou différence des capitaux de la première période est employée deux fois, multipliée par le même temps ; c'est-à-dire, qu'elle porte deux fois intérêt pendant la première période, tandis qu'elle ne devrait plus en porter que pendant la seconde période et au nouveau taux.

Si l'on voulait parer à cet inconvénient, en ne multipliant cette seconde balance des capitaux que par les jours de la seconde période, on opérerait bien, vis-à-vis de la balance des capitaux de la première période, qui alors ne porterait intérêt que pendant la seconde période. Mais alors les intérêts de la seconde période seraient faux, attendu que l'on aurait pour résultat de la balance des capitaux, les intérêts depuis le 9 avril au 30 juin. Or, comme toutes les sommes ont porté intérêts depuis le 1er janvier jusqu'à leurs échéances respectives, c'est-à-dire pendant un temps où elles ne devaient pas en porter et qui est plus long que celui compté depuis la seconde période, il faut balancer ces intérêts par les jours comptés également depuis la même époque, et alors les intérêts de la seconde période seront justes ; car une somme ne porte intérêt qu'à partir de son échéance, ou, une somme porte intérêt pendant une année, moins le temps qui précède son échéance.

Il est donc impossible d'avoir, en une seule opération, les intérêts de la seconde période et ceux du solde de la première période pendant la seconde, car les intérêts de la balance des capitaux de l'une ou de l'autre période seraient faux.

Voici ce qu'il y a à faire, si l'on veut simplifier les opérations indiquées au compte C qui précède, et arriver à un résultat juste.

65. — Ramener l'époque de la balance ou différence des capitaux de la première période, au commencement de la seconde période, ou en d'autres termes, balancer les intérêts pris une fois de trop sur la première balance des capitaux, par l'effet de la seconde balance des capitaux qui comprend toutes les sommes du compte, en portant les nombres de la première balance des capitaux, multipliée par les jours de la première période, du côté opposé où ils se trouvent dans la première période.

66. — *Remarque.* Cette manière d'opérer donne les intérêts réels de toutes les sommes du compte pendant la seconde période, car les jours des sommes de la seconde période étant comptés depuis le 1er janvier, l'on ne saurait rectifier leurs nombres par la balance de leurs capitaux qu'en multipliant celle-ci par les jours comptés depuis la même époque.

Comme le solde ou balance des capitaux de la première période porte de nouveaux intérêts, par l'effet de la seconde balance des capitaux on balance les intérêts pris une seconde fois, en portant les intérêts de la première balance des capitaux en opposition avec ceux que la seconde balance des capitaux contient de trop.

La balance de tous les nombres qui figurent dans la seconde période.

Le diviseur de cette seconde balance des nombres.

Le quotient ou intérêts de la balance des nombres.

L'émargement, ou conversion, des intérêts en capitaux.

Le solde à nouveau (35 et 36).

L'on voit que ce compte, avec les mêmes sommes, aux mêmes échéances que les deux qui précèdent, donne, avec moins de calculs et d'écritures, le même résultat, puisqu'on a le même solde.

E. Modèle d'un compte renversé à deux taux d'intérêts simples et à une époque.

Doit   *Monsieur SCHNELL, à Lyon, son compte courant et d'intérêts au 30 juin 1864.*   Avoir.

DATES.		DÉSIGNATIONS.	ÉCHÉANCES.		CAPITAUX.		JOURS.	NOMBRES.
1864								
Janvier	1	Facture à diverses marchés .	Janvier	10	fr. 1,000	»	10	100
"	30	" " " " . . .	Février	20	100	»	54	54
Avril	8	" " " " . . .	Mars	30	500	»	90	450
"	30	" " " " . . .	Mai	20	100	»	141	141
Juin	2	" " " " . . .	Juin	30	300	»	182	546
"	30	Intérêts 6 % sur la balance des nombres au 8 avril . .			8	70		522
"		Intérêts 4 %, idem au 30 juin.			8	10		729
					fr. 2.016	80		2,539
		Solde nouveau	Juin	30	576	80		

DATES.		DÉSIGNATIONS.	ÉCHÉANCES.		CAPITAUX.		JOURS.	NOMBRES.
1864								
Janvier	9	4 effets sur Paris	Janvier	30	fr. 500	»	30	150
Février	1	1 » Lyon	Février	9	200	»	40	80
Mars	28	1 » idem	Avril	10	100	»	101	101
Mai	6	2 » Havre.	Juin	8	100	»	160	160
"	15	1 » idem	"	20	40	»	172	68
"	30	2 » idem	Juillet	10	500	»	192	960
Juin	30	Balance des capitaux Fr. 560.	Juin	30			182	1,020
"	"	Solde à nouveau	"	"	576	80		
					fr. 2.016	80		2,539

S. E. O.
Benfeld, le 6 avril 1867.
Auguste Uswiller.

Explications et opérations.

67. — La première partie de ce compte est calculée d'après les mêmes règles que celle de l'un des trois comptes qui précèdent ; elle n'en diffère que par la forme, qui demande que le solde de ses intérêts soit porté à la fin du compte avec ses explications, au lieu de figurer à la fin de la période, comme pour les comptes précédents.

Ce compte diffère encore des trois qui le précèdent, en ce que, de toutes les opérations de la première période, on ne conserve de trace, sur le compte même, que de la balance des nombres, qui devient indispensable dans la seconde période.

Toutes les sommes du compte entier, avec leurs jours (9) et nombres (10 et 11) respectifs, étant mis à leurs places, on fait les opérations finales dans l'ordre suivant :

OPÉRATIONS DE LA PREMIÈRE PÉRIODE D'INTÉRÊTS DU COMPTE E.

La balance des capitaux (22 et 23) de toutes les sommes de la première période, qui ne doit pas figurer sur le compte.

Les jours de cette balance des capitaux (24), comptés jusqu'au 8 avril, fin de la première période (41).

Les nombres de cette balance des capitaux (10).

Les additions des nombres placés en regard des capitaux de la première période.

68. — Ajouter les nombres de la balance des capitaux de la première période à l'addition des nombres à laquelle ils reviennent ; c'est-à-dire à la somme des nombres dont les capitaux sont les plus faibles.

Ces cinq opérations sont identiques aux cinq premières opérations des trois comptes précédents ; elles ne sauraient en différer, étant soumises aux mêmes lois.

69. — *Observation.* On ne laisse aucune trace sur le compte de ces cinq opérations ; si on les portait sur le compte, elles empêcheraient de trouver le second intérêt de la manière simple et brève qui fait le mérite de ce compte E, et l'on serait conduit à reproduire exactement les opérations de l'un des trois comptes B, C ou D.

La balance des nombres (27 et 28) de la première période, c'est-à-dire la balance des nombres additionnés et augmentés des nombres de la balance des capitaux.

70. — *Remarque.* Cette balance des nombres est portée à la fin du compte, où elle sera utile, indispensable même, pour la recherche du second intérêt.

Le quotient de la balance des nombres (30 et 33), ou intérêts de la première période, placé en regard des nombres.

Seconde période d'intérêts du compte E.

AVIS ESSENTIEL.

71. — Il ne faut pas perdre de vue que les nombres des capitaux soumis au second taux 4 % ont été calculés sans égard à une variation du taux de l'intérêt, on devra conséquemment agir de même pour les opérations finales du compte.

OPÉRATIONS DE LA SECONDE PÉRIODE.

Pour trouver le second solde des intérêts, on fait les opérations finales, qui seront portées sur le compte, dans l'ordre suivant :

La balance de tous les capitaux du compte entier, sans distinction de période, moins le solde des intérêts de la première période, qui figure déjà dans la colonne des capitaux.

72. — *Remarque.* On fait la balance de tous les capitaux du compte, parce que l'on agira de même à l'égard des nombres, afin d'avoir le solde des intérêts que toutes les sommes du compte aurait produits s'il n'y avait eu qu'un seul taux.

Les jours de cette balance des capitaux, qui sont les jours de la naissance à la fin du compte.

73. — *Remarque.* Ces jours ne sauraient être comptés autrement, parce que les jours des capitaux ont été calculés de même, ainsi que le prouve le § 25.

Les nombres de cette balance des capitaux, portés comme à tous les comptes en regard des jours dans la colonne des nombres.

Les additions de tous les nombres qui figurent dans les deux colonnes des nombres (doit et avoir) sans distinction.

74. — *Remarque*. Ces additions totales sont faites pour deux causes :

Pour se conformer au principe du compte, qui exige que l'on cherche le second solde des intérêts comme s'il n'y avait eu qu'un solde d'intérêts à chercher ; ce qui donne les intérêts de toutes les sommes à 4 °/₀ depuis le 1ᵉʳ janvier jusqu'au 30 juin.

On comprend les nombres de la balance des nombres, représentant le solde des intérêts de la première période, afin de déduire les intérêts que la première période a portés, du solde des intérêts que toutes les sommes auraient portés à 4 °/₀.

RÉSULTAT FINAL DE LA SECONDE BALANCE DES NOMBRES.

75. — Elle donne, pour résultat définitif, le solde des intérêts des capitaux de la première période pendant la seconde, plus le solde des intérêts des sommes de la seconde période pendant sa durée.

OBSERVATION.

76. — Il est utile de faire connaître ici qu'en comprenant, purement et simplement, les nombres de la première balance des nombres dans l'addition des nombres du doit du compte, addition servant à établir la seconde balance des nombres, on affaiblit d'autant les intérêts capitalisés dans le doit des sommes, les nombres étant renversés (6).

La seconde balance des nombres faite sur les deux additions générales et portée sur le compte.

Le diviseur de cette seconde balance des nombres.

Le quotient ou intérêts.

Le solde à nouveau (35 et 36).

F. Modèle d'un compte renversé à trois taux d'intérêts simples et à trois époques.

Doit   *Monsieur KLOSE, à Mulhouse, son compte courant et d'intérêts au 30 juin 1864.*   Avoir.

Doit

1864									
Janvier	6	Mon retour		décemb.	28	Fr. 200	»	3	6
Février	2	Ma facture		Février	15	300	»	46	138
»	20	Balance des nombres noirs 6 %	2 05						123
						Fr. 500	»		261
»	»	Solde ancien		Février	20	400	»	Épo-que.	»
Mars	8	Ma facture		Mars	15	600	»	24	144
»	12	» »		»	31	100	»	40	40
Avril	30	Balance des capitaux F 100.		Avril	30			70	70
»	»	Balance des nombres 9 %	10 05						402
»	»	Solde à nouveau		»	»	100	»		
						Fr. 1,200	»		656
Mai	9	Ma facture		Mai	15	200	»	15	30
»	30	» »		Juin	30	600	»	61	366
Juin	30	Solde ou balance des intérêts	12 10			10	30		
						Fr. 810	30		396
»	»	Solde nouveau		Juin	30	310	30		

Avoir

1864									
Février	2	1 effet sur Lyon		Février	20	Fr. 100	»	51	51
»	20	Balance des capitaux F. 400.					»	51	204
»	»	Nombres rouges du débet.							6
»	»	Solde à nouveau				400			
						Fr. 500	»		261
Mars	1	2 effets sur Paris		Mars	15	400	.	24	96
»	31	4 » » Benfeld		Avril	30	800	»	70	560
						Fr. 1,200	»		656
Avril	30	Solde ancien		Avril	30	100	»	Épo-que.	»
Mai	12	Sa remise sur le Havre		Mai	20	300	»	20	60
»	31	» » Douai		Juin	15	100	»	46	46
Juin	30	Balance des capitaux F. 300.						61	183
»	»	Balance des nombres 6 %	1 80						107
»	»	Solde à nouveau		»	30	310	30		
			1 80			Fr. 810	30		396

S. E. O.

Benfeld, le 26 mai 1867.

Auguste Urwiller.

Opérations du compte F.

Ce compte est fait d'après les mêmes lois que le compte B (39).

OPÉRATIONS DE LA PREMIÈRE PÉRIODE.

Les jours (9) rouges et noirs.
Les nombres (10, 11, 13 et 16).
La conversion des nombres rouges en nombres noirs (17).
La balance des capitaux (22 et 23).
Les jours de la balance des capitaux (24 et 41).
Les nombres de la balance des capitaux (10).
La balance des nombres (27 et 28).
Le diviseur (33).
Les intérêts, ou quotient (30 et 33).
Le solde à nouveau sans les intérêts (35 et 36).

OPÉRATIONS DE LA SECONDE PÉRIODE.

Les sommes de cette période étant posées, on calcule :
Les jours (44).
Les nombres.
La balance des capitaux (45).
Les jours de la balance des capitaux (46).
Les nombres de la balance des capitaux.
La balance des nombres (47).
Le diviseur.
Le quotient (48) et le solde à nouveau sans les intérêts.

OPÉRATIONS DE LA TROISIÈME PÉRIODE.

Les sommes de cette période étant posées, on calcule :
Les jours (44).
Les nombres.
La balance des capitaux de cette période (45).
Les jours de cette balance (46).
Les nombres de cette balance.
La balance des nombres de cette période (47).
Le diviseur.
Les intérêts (48).
L'addition des intérêts (49) et leur conversion en capitaux.
Le solde à nouveau, intérêts compris.

G. Modèle d'un compte renversé à trois taux d'intérêts simples et à une époque.

Doivent — *Messieurs DOLLFUS et Cie, à Bordeaux, leur compte courant et d'intérêts au 30 juin 1864.* — **Avoir.**

Doivent

1864		Éch.	j	fr	c	Nombres	Montant
Janvier	6 Mon retour	Decemb.	28	200	»	3	6
Février	2 Ma remise	Février	15	300	»	46	138
..	20 Balance des nombres noirs 6 °/°	..		2	05		123
							261
Mars	8 Ma facture	Mars	15	600	»	75	450
..	12	..	31	100	»	91	91
Avril	30 Balance des capitaux de cette période Fr. 500					121	605
..	» Balance des nombres 9 °/° . .			10	05		402
							1,548
Mai	9 Ma facture	Mai	15	200	»	136	272
..	30	Juin	30	600	»	182	1,092
Juin	30 Balance des capitaux des deux précédentes périodes Fr. 100					61	61
				Fr. 2,012	10		1,425
..	» Solde nouveau	Juin	30	310	30		

Avoir

1864		Éch.	j	fr	c	Nombres	Montant
Février	2 1 effet sur Lyon	Février	20	100	»	51	54
..	20 Nombres rouges du début . .						6
..	» Balance des capitaux Fr. 400 .				»	51	204
							264
Mars	1 2 effets sur Paris	Mars	15	400	»	75	300
..	31 3 » » Lyon	Avril	30	800	»	121	968
Avril	30 Balance des capitaux de la première période, Fr. 400 . .					70	280
							1,548
Mai	12 1 effet sur le Havre . . .	Mai	20	300	»	141	423
..	31 1 » » Douai	Juin	15	100	»	167	167
Juin	30 Balance des capitaux de cette période, Fr. 400 . . .					182	728
..	» Balance des nombres 6 °/° . .			1	80		107
..	» Solde à nouveau	Juin	30	310	30		
				Fr. 2,012	10		1,425

S. E. O.

Benfeld, le 2 juin 1867.

AUGUSTE URWILLER.

Opérations du compte G.

Ce compte est fait d'après les mêmes lois que celui C (50).

OPÉRATIONS DE LA PREMIÈRE PÉRIODE.

Les sommes de cette période étant posées, on calcule :
Les jours (9) rouges et noirs.
Les nombres (10 et 11, et 13 à 16).
La conversion des nombres rouges en nombres noirs (17).
La balance des capitaux (22 et 23).
Les jours de la balance des capitaux (24 et 41).
Les nombres de la balance des capitaux (10).
La balance des nombres (27 et 28).
Le diviseur (33).
Le quotient, ou intérêts de la balance des nombres (30 et 31).
Les additions des nombres (51).

OPÉRATIONS DE LA SECONDE PÉRIODE.

Les sommes de cette période étant posées, on calcule :
Les jours (52).
Les nombres.
La balance des capitaux de cette période (53).
Les jours de cette balance des capitaux (54).
Les nombres de cette balance des capitaux.
La balance des capitaux de la première période, placée sur le côté où les capitaux de la première période sont les plus faibles (55).
Les jours de cette dernière balance des capitaux (56 et 57).
Les nombres de cette balance des capitaux placés en regard des jours.
Les additions de tous les nombres figurant dans cette seconde période.
La balance de ces nombres.
Le diviseur du second taux.
Le quotient, ou intérêts de la balance des nombres de cette période.

OPÉRATIONS DE LA TROISIÈME PÉRIODE.

Toutes les sommes de cette période étant posées, on calcule :

Les jours (52).

Les nombres.

La balance des capitaux de cette période (53).

Les jours de cette balance des capitaux (54).

Les nombres de cette balance des capitaux.

La balance des capitaux des deux précédentes périodes, placée du côté où ces capitaux sont les plus faibles.

77. — *Remarque.* Les deux premières périodes ayant porté leurs intérêts simples jusqu'au 30 avril, leurs sommes en ont encore à porter jusqu'au 30 juin, fin du compte ; il faut, en conséquence, porter leur balance dans la dernière période et la multiplier par la durée de la dernière période, et enfin, comprendre ses nombres dans la balance des nombres de la troisième période, pour avoir les intérêts simples des deux premières périodes pendant la troisième.

Les jours de la balance des capitaux des deux premières périodes (56 et 57).

Les nombres de cette dernière balance des capitaux.

Les additions des nombres figurant à cette dernière période.

La balance des nombres de la troisième période.

Le diviseur du troisième taux.

Les intérêts de la dernière balance des nombres.

Les additions de tous les capitaux du compte, intérêts compris.

Le solde à nouveau (35).

Le solde à nouveau (36).

H. Modèle d'un compte renversé à trois taux d'intérêts simples et à une époque.

Doit *Monsieur Cyrille URWILLER, son compte courant et d'intérêts au 30 juin 1864.* **Avoir.**

Doit

DATES.	DÉSIGNATIONS.	INTÉRÊTS.	ÉCHÉANCES.	CAPITAUX.	JOURS.	NOMBRES.
1864 Janvier 6	Mon retour		Décemb. 28	Fr. 200 »	3	6
Février 2	Ma facture de cire . . .		Février 15	300 »	45	138
» 20	Balance des nombres noirs 6 %	2 05				123
						261
Mars 8	Facture à savon		Ma s 15	600 »	75	450
» 12	» »		» 31	100 »	91	91
Avril 30	Pour ramener à l'échéance					204
» »	Balance des capitaux F. 100.				121	121
» »	Balance des nombres 9 %	10 05				402
						1268
Mai 9	Ma facture		Mai 15	200 »	136	272
» 30	» »		Juin 30	600 »	182	1092
Juin 30	Total des intérêts du débit.	12 10		12 10		
				Fr. 2,012 10		1364
» »	Solde nouveau		Juin 30	Fr. 310 30		

Avoir

DATES.	DÉSIGNATIONS.	INTÉRÊTS.	ÉCHÉANCES.	CAPITAUX.	JOURS.	NOMBRES.
1864 Février 2	Sa remise sur Lyon . . .		Février 20	Fr. 100 »	51	51
» 20	Nombres rouges du débit.					6
» »	Balance des capitaux F. 400				51	204
						261
Mars 1	2 effets sur Paris		Mars 15	400 »	75	300
» 31	3 » , Lyon		Avril 30	800 »	121	968
						1268
Mai 12	1 effet sur Havre		Mai 20	300 »	141	423
» 31	1 » » Douai		Juin 15	100 »	167	167
Juin 30	Pour ramener à l'échéance					121
» »	Balance des capitaux F. 300.		Juin 30		182	546
» »	Balance des nombres 6 %			1 80		107
» »	Solde à nouveau		» »	310 30		
				Fr. 2,012 10		1364

S. E. O.

Benfeld, le 9 juin 1867.

AUGUSTE URWILLER.

Avantages du compte H (59).

Distribution des sommes (60).

OPÉRATIONS DE LA PREMIÈRE PÉRIODE.

Toutes les sommes de cette période étant posées, on calcule :

Les jours (9) rouges et noirs.

Les nombres (10 et 11, et 13 à 16).

La conversion des nombres rouges en nombres noirs (17).

La balance des capitaux (22 et 23).

Les jours de la balance des capitaux (24 et 41).

Les nombres de la balance des capitaux (10).

La balance des nombres (27 et 28).

Le diviseur des nombres (33).

Le quotient, ou intérêts de la balance des nombres (30 et 31).

Arrêter les nombres (51).

OPÉRATIONS DE LA SECONDE PÉRIODE.

Toutes les sommes de cette période étant posées, on calcule :

Les jours (62).

Les nombres.

La balance des capitaux des deux premières périodes.

Les jours de cette balance des capitaux.

Remarque. Les nombres des capitaux de ces deux périodes étant calculés depuis le 1er janvier, il faut, suivant les §§ 22 et suivants, multiplier cette balance des capitaux par les jours compris entre cette même époque et la fin de la seconde période.

Les nombres de cette balance des capitaux (64).

Ramener à l'échéance (65 et 66).

La balance de tous les nombres de la seconde période.

Les intérêts de cette balance des nombres.

Arrêter les nombres.

OPÉRATIONS DE LA TROISIÈME PÉRIODE

Toutes les sommes étant posées, on calcule :

Les jours (62).

Les nombres.

La balance des capitaux du compte entier, du 1er janvier au 30 juin.

Les jours de la balance des capitaux (63).

Les nombres de la balance des capitaux.

Remarque. Par cette balance des capitaux, les deux premières périodes portent deux fois intérêt pendant les deux premières périodes, au lieu de n'en porter que pendant la troisième (64).

Ramener à l'échéance, c'est-à-dire balancer les intérêts de la balance des capitaux des deux précédentes périodes, en portant les nombres de la balance des capitaux de la seconde période à la troisième période, mais du côté opposé à celui où ils se trouvent dans la seconde période (65 et 66).

La balance de tous les nombres se trouvant inscrits dans cette dernière période.

Les intérêts de cette balance des nombres.

L'émargement ou conversion des intérêts en capitaux.

Le solde à nouveau (35 et 36).

I. Modèle d'un compte renversé à trois taux d'intérêts simples et à une époque.

Doit *Monsieur SCHAFFNER, à Mulhouse, son compte courant et d'intérêts au 30 juin 1864.* **Avoir.**

DATES.	DÉSIGNATIONS.	CHANGES.	ÉCHÉANCES.	SOMMES.	JOURS.	NOMBRES.	DATES.	DÉSIGNATIONS.	CHANGES.	ÉCHÉANCES.	SOMMES.	JOURS.	NOMBRES.
1864													
Janvier 6	Mon retour sur Paris		Décemb. 28	F. 200 »	3	6	Février 2	1 effet sur Troyes	1%/o » 10	Février 20	F. 100 »	51	51
Février 2	Ma facture		Février 15	300 »	46	138	Mars 1	1 » Besançon	1 » » 40	Mars 15	400 »	75	300
Mars 8	» »		Mars 15	600 »	75	450	» 31	1 » Montpont	3 » 2 40	Avril 30	800 »	121	968
» 11	» »		» 31	100 »	91	91	Mai 12	2 » Morlaix	3 » » 90	Mai 20	300 »	141	423
Mai 9	» »		Mai 15	200 »	136	272	» 31	1 » Revel	4 » » 40	Juin 15	100 »	167	167
» 30	» »		Juin 30	600 »	182	1092	Juin 30	Nombres rouges du débet de la 1re période					6
Juin 30	Intérêts 6 % sur la balance des nombres au 20 février			2 05		123	» »	Balance de tous les capitaux fr. 300		» 30		182	546
» »	Intérêts 9 %, idem, au 30 avril			10 05		402	» »	Intérêts 6 % sur la balance de tous les nombres noirs			1 80		107
» »	Changes sur ses remises 79			4 20		»	» »	Solde à nouveau		» »	314 50		»
				F.2,016 30		2568			4 20		F.2,016 30		2568
»	Solde nouveau		Juin 30	F. 314 50									

S. E. O.
Benfeld, le 16 juin 1867.
AUGUSTE URWILLER.

En déduisant les changes du solde du compte I, on aura, comme aux comptes G et II, un solde à nouveau de fr. 310,30.

Cela prouve que l'on peut arriver au même résultat par des moyens plus ou moins compliqués, plus ou moins abrégés.

Opérations finales du compte I.

Toutes les sommes du compte étant copiées, leurs jours (9) et nombres (10 et 11) et (13 à 16) calculés, on fait les opérations dans l'ordre suivant :

PREMIÈRE PÉRIODE.

Pour trouver les intérêts de cette période, il faut faire les mêmes opérations que l'on a faites pour trouver les intérêts de la première période de l'un des comptes G et II, desquelles opérations on ne garde trace sur le compte que de la balance des nombres noirs ; cette balance ne saurait être faite et posée qu'après la conversion des nombres rouges en nombres noirs (17).

Cet intérêt étant trouvé, on pose la balance des nombres à la fin du compte, en indiquant l'époque jusqu'à laquelle elle est faite ; l'on émarge le quotient ou intérêts dans la colonne des capitaux.

SECONDE PÉRIODE.

On trouve les intérêts de cette période par l'une des formules de la seconde période des comptes G et H, en ne gardant trace, comme à la première période de ce compte, que de la balance des nombres et de ses intérêts ou quotient, que l'on porte du côté où ils doivent figurer.

TROISIÈME PÉRIODE.

Toutes les opérations servant à trouver le troisième intérêt devront être portées sur le compte (71).

Après avoir fait figurer sur le compte la conversion des nombres rouges (17) de la première période, on fait :

La balance de tous les capitaux du compte, sans distinction de période (72).

Les jours de cette balance (73).

Les nombres de cette balance portés, dans la colonne des nombres, en regard de la somme.

Les additions de tous les nombres noirs du compte entier (74).

La balance ou différence des additions des nombres.

78. — *Remarque.* Cette balance de tous les nombres du compte donne pour résultat définitif, les intérêts au dernier taux, de toutes les sommes du commencement à la fin du compte, moins les intérêts respectifs des deux premières périodes, qui sont représentés par les deux premières balances des nombres, parce que ces deux premières balances des nombres sont comprises dans les additions et diminuent, en conséquence, la dernière balance de leurs équivalents.

Les intérêts de la dernière balance des nombres.

Le change et son émargement, en déduction des sommes remises en effets.

79. — Ce change représente les frais que subit le banquier pour faire l'encaissement de l'effet; la somme totale des changes devra en conséquence, être portée au doit de celui qui a remis les effets.

Le solde à nouveau (35 et 36).

Extrait de compte courant à intérêts directs.

SA DÉNOMINATION.

80. — Ce compte est appelé direct, parce que les intérêts ou les nombres qui représentent les intérêts de chaque somme, sont ceux dus par la somme à laquelle ils se rapportent, depuis son échéance jusqu'au jour du paiement ou règlement.

AVANTAGES DU COMPTE A INTÉRÊTS DIRECTS.

81. — Chaque nombre ou intérêt du compte direct étant le produit naturel de chaque somme depuis son échéance jusqu'à son règlement, il peut être employé, sans inconvénient, en toute circonstance, attendu que tout le monde le comprendra facilement.

INCONVÉNIENTS DU COMPTE A INTÉRÊTS DIRECTS.

82. — Ce compte a l'inconvénient de ne pouvoir être préparé à l'avance, parce qu'il a une époque d'arrêté qu'il est indispensable de connaître avant qu'on commence les opérations servant à trouver les intérêts.

La première opération à faire, pour trouver les intérêts, est de compter les jours de chaque somme ; si l'arrêté, ou époque, du compte n'est pas connu, il est impossible de les compter, attendu que c'est leur point de départ; que les échéances des sommes composant le compte soient antérieures ou postérieures à cette époque.

Ce compte n'a point de limite de départ, contrairement au compte renversé, qui a une époque de départ et non d'arrêté.

Opérations du compte à intérêts directs.

ÉPOQUE.

83. — On appelle époque, le jour où le compte à intérêts directs cesse ; chaque fois que cette date se présente, on portera le mot *époque* dans la colonne des jours.

Les sommes échues à l'époque, ne sauraient porter intérêts, attendu qu'elles sont ou payées ou décomptées le jour de leur échéance ; or, comme une somme payée à son échéance ne peut porter intérêts, il est évident que cette somme ne saurait recevoir ni jours ni nombres.

JOURS.

84. — On appelle *jours du compte à intérêts directs*, le temps compté depuis l'époque à l'échéance de la somme.

NOMBRES.

85. — Les nombres sont le produit d'une somme multipliée par ses jours.

MANIÈRE PRATIQUE DE CALCULER LES NOMBRES.

86. — L'usage est généralement admis de n'opérer que sur les francs et de négliger les centimes ; la différence entre cette manière d'opérer et celle indiquée par la théorie (101) est pour ainsi dire nulle et évite une masse de chiffres, qui prolongerait, sans trop de raison, un travail généralement abrégé.

Quand le produit de la multiplication des francs par les jours est connu, grand nombre de comptables affaiblissent ce produit cent fois, c'est-à-dire, négligent les deux derniers chiffres de droite, ils font de même à l'égard du diviseur (102), qu'ils affaiblissent également cent fois.

Cette manière d'opérer, quoique n'étant pas très-juste, se rapproche tellement du résultat réel et exact, qu'il est inutile d'opérer sur un plus grand nombre de chiffres.

Exemple : 300 fr. en 10 jours.

Opération théorique : $300 \times 10 = 3{,}000$ nombres.
Opération pratique : $300 \times 10 = 30$ nombres.

Exemple : 335 fr. en 5 jours.

Opération théorique : $335 \times 5 = 1{,}675$ nombres.
Opération pratique : $335 \times 5 = 16$ nombres.

Différentes sortes de nombres.

87. — Les nombres rouges et les nombres noirs.

Nombres rouges.

LEUR DÉNOMINATION.

88. Les nombres rouges tiennent leur nom de l'encre rouge que l'on emploie généralement pour les distinguer des nombres noirs.

LEUR ORIGINE.

89. — Les nombres rouges du compte à intérêts directs proviennent d'un capital échu postérieurement à l'époque (83).

Exemple. Un compte clos le 30 juin porte une somme de 100 fr. échéant le 30 juillet suivant.

Opération. Du 30 juin au 30 juillet il y a 30 jours rouges :
$$100 \times 30 = 30 \text{ nombres rouges.}$$

BUT DES NOMBRES ROUGES.

90. — Leur but est de bonifier les intérêts sur toute somme dont l'échéance a été rapprochée ou le paiement effectué avant son échéance.

EFFET DES NOMBRES ROUGES.

91. — Les nombres rouges, par leur transformation en nombres noirs, diminuent les nombres noirs du côté où se trouvent les nombres rouges.

TRANSFORMATION DES NOMBRES ROUGES.

92. — Si l'on veut, en une seule somme, tous les intérêts d'un compte direct qui a des sommes échues après l'époque du compte, il faut que les nombres rouges soient transformés en nombres noirs avant qu'on fasse la balance des nombres noirs.

On transforme les nombres rouges en les portant en nombres noirs du côté opposé où ils figurent en rouge.

Ainsi, s'il y a des nombres rouges au Doit, on les additionne et porte leur total en nombres noirs à l'Avoir; s'il y en a à l'Avoir, on porte leur total en nombres noirs au Doit, ou, s'il y a des nombres rouges des deux côtés, on fait leur balance ; ce qui réduit les nombres noirs et conséquemment les intérêts du côté où se trouvent les nombres rouges. Cette transformation opérée, les nombres rouges ne figurent plus que pour mémoire et sont désormais sans objet.

BALANCE DES NOMBRES ROUGES.

93. — S'il y a des nombres rouges des deux côtés du compte, il est inutile de porter chaque total du côté opposé en nombres noirs, attendu qu'une partie des chiffres se balance. Il suffit de porter leur différence, ou balance des nombres rouges, en nombres noirs du côté où les nombres rouges sont les plus faibles, pour produire l'effet des nombres rouges (91).

La balance des nombres rouges est portée en noir du côté où les rouges sont les plus faibles pour augmenter les noirs de ce côté, ce qui, en diminuant les nombres noirs du côté où les rouges sont les plus forts, bonifie les intérêts sur la différence des sommes dont les échéances ont été rapprochées, ou qui ont été payées avant leurs échéances.

Nombres noirs.

94. — Les nombres noirs de l'extrait de compte à intérêts directs sont le produit d'une somme échue avant l'époque (83) multipliée par ses jours (84).

BUT DES NOMBRES NOIRS.

95. — Leur but est d'économiser du travail, en ce qu'on les porte sur le compte en place des intérêts qu'ils représentent ; car, outre qu'ils permettent d'ignorer le taux au moment où l'on commence les opérations, on est obligé de ne faire qu'une seule division, à la fin du compte, quand on convertit leur balance en intérêts, au lieu d'en faire une à chaque somme, si l'on voulait placer les intérêts en regard des sommes.

Cette manière d'opérer diminue le travail de moitié et donne un résultat sujet à moins d'erreurs, étant trouvé par moins d'opérations.

BALANCE DES NOMBRES NOIRS, APPELÉE BALANCE DES NOMBRES.

96. — Il suffit d'appeler cette balance *balance des nombres*, parce qu'elle ne peut être faite qu'après la conversion des nombres rouges

en nombres noirs; or aussitôt cette transformation opérée, le compte est envisagé comme n'ayant que des nombres noirs, les rouges étant dorénavant sans objet et ne figurant plus que pour mémoire.

La transformation des nombres rouges en nombres noirs ayant eu lieu, la balance des nombres est la différence entre les nombres noirs du Doit et ceux de l'Avoir.

EFFET DE LA BALANCE DES NOMBRES.

97. — Cette balance étant toujours placée du côté le plus faible des nombres a pour effet d'équilibrer les nombres du Doit et de l'Avoir.

BUT DE LA BALANCE DES NOMBRES.

98. — La balance des nombres, divisée par le diviseur (102), indique la différence ou solde des intérêts du compte, et nous apprend à qui ce solde revient.

INTÉRÊTS OU QUOTIENT DE LA BALANCE DES NOMBRES.

99. — Les intérêts ou quotient de la balance des nombres sont le quotient du solde des nombres du compte divisé par le diviseur (102).

Dans le compte à intérêts directs, les intérêts provenant de la balance des nombres devront être portés dans la colonne des capitaux ou francs du côté où les nombres sont les plus forts, attendu que les sommes de ce côté ont porté le plus d'intérêts et que les nombres représentent les intérêts réels de chaque côté du compte.

Diviseur des nombres.

ANNÉE.

100. — Les jours de l'année sont la base du diviseur des nombres. Généralement l'année est comptée pour 360 jours, néanmoins on la compte quelquefois pour ses jours réels, soit 365 ou 366 jours.

MÉTHODE THÉORIQUE POUR TROUVER LE DIVISEUR.

101. — On commence par fixer le nombre de jours de l'année.
En admettant l'année à 360 jours, on dit :

Si 100 fr. en 360 jours rapportent 5 fr. d'intérêts,
325 fr. en 55 jours rapporteront x,

ou, ce qui revient au même, en réduisant cette règle en une règle de proportion simple, ce qu'on obtient en multipliant chaque capital par ses jours ; on dirait :

Si 36,000 fr. produisent 5 fr. en un jour,
17,875 fr. produiront x fr. en un jour.

Soit en établissant la proportion :

$$36{,}000 : 5 :: 17{,}875 : x.$$

ou $x = \dfrac{5 \times 17{,}875}{36{,}000}$ soit en réduisant $\dfrac{17{,}875}{7{,}200} =$ intérêts fr. 2,48°

On obtient la réduction en laissant le numérateur tel quel au lieu de l'augmenter 5 fois, et en diminuant 5 fois le dénominateur au lieu de le laisser tel quel, ce qui revient au même.

Le numérateur n'est autre chose que les nombres du compte, sans affaiblissement, et le dénominateur le diviseur non affaibli du compte.

Deuxième exemple :

Si 100 fr. en 360 jours produisent 5 fr.
535 fr. en 5 jours produiront x fr.,

ou, ce qui revient au même :

Si 36,000 fr. produisent 5 fr. en un jour,
2,675 fr. produiront x fr. en un jour ;

en établissant la proportion, on a :

$$36{,}000 : 5 :: 2{,}675 : x.$$

soit $x = \dfrac{5 \times 2{,}675}{36{,}000} = \dfrac{2{,}675}{7{,}200} =$ intérêts 0°,37°

Il en résulte que l'on a toujours pour dénominateur le chiffre 7,200 si le taux est 5 %, n'importe le numérateur. Il en est de même pour tous les taux.

Soit par exemple le 6 %.

Je dis : 100 fr. en 360 jours produisent 6 fr.
325 fr. en 9 jours produiront x fr.;

ou, ce qui revient au même :

36,000 fr. produisent 6 fr. en un jour,
2,925 fr. produiront x fr. en un jour,

soit 36,000 : 6 :: 2,925 : x,

$$\text{soit } x = \frac{6 \times 2,925}{36,000} = \frac{2,925}{6,000} = \text{ɘintérs } 0^{\text{f}},4_18^{\text{c}}$$

Le 6 % a donc pour dénominateur ou diviseur 6,000 pour les nombres non affaiblis d'un compte.

MÉTHODE PRATIQUE POUR TROUVER LE DIVISEUR.

102. — Dans la pratique on agit tout autrement : on se contente, sans autre raisonnement, de diviser les jours de l'année (100) par le taux de l'intérêt du compte et le quotient sera le diviseur cherché.

Exemple pour le taux de 5 %.

L'année étant comptée pour 360 jours, on a :

360 : 5 = 72, diviseur cherché.

Exemple pour le taux de 6 %.

L'année étant comptée pour 360 jours, on a :

360 : 6 = 60, diviseur cherché.

L'on voit que ces deux diviseurs sont cent fois trop faibles, ainsi que le prouve la théorie, c'est pour cette raison que l'on affaiblit cent fois les nombres ; les nombres étant le numérateur de la fraction, et comme pour conserver une fraction juste on est obligé de réduire numérateur et dénominateur dans une même proportion, il est évident qu'il faut agir de même à l'égard des nombres d'un compte, qui ne sont que le numérateur d'une fraction ayant pour dénominateur leur diviseur, comme tout dénominateur est le diviseur de son numérateur.

Comparaison.

MÉTHODE THÉORIQUE.

8,000 fr. en 5 jours à 5 %.

Opérations :

360 jours × 100 = 36,000 : 5 = 7,200 diviseur,
8,000 fr. × 5 jours = 40,000 nombres : 7,200 = 5ᶠ,55ᶜ intérêts.

MÉTHODE PRATIQUE.

8,000 fr. en 5 jours à 5 %.

Opérations :

360 jours : 5 taux — 72 diviseur,
8,000 fr. × 5 jours = 400 nombres : 72 = 5ᶠ,55ᶜ intérêts.

Solde.

103. — Après avoir mis, dans chaque colonne des capitaux, les intérêts, frais ou toute autre somme qui lui revient et dont le compte est susceptible pendant toute sa durée, on fait l'addition de chaque côté des capitaux, on soustrait un total de l'autre, et la différence, s'il y en a une, s'appelle *solde*.

PLACE OCCUPÉE PAR LE SOLDE.

104. — A l'intérieur du compte le solde doit être porté du côté où les capitaux sont les plus faibles, dans l'unique but de les balancer, c'est-à-dire d'équilibrer les totaux.

Le solde revient du côté le plus fort, quoique sous le titre *solde à nouveau*, il figure, à l'intérieur du compte du côté le plus faible ; à l'extérieur, ou après la clôture, il occupe la place qui lui est propre et indique, sous le titre *solde nouveau*, la position définitive des deux correspondants à la date où le compte est arrêté.

105. — Après avoir placé le solde on met les initiales S. E. O., ce qui veut dire *Sauf Erreur ou Omission*. Puis la date où le compte est arrêté, et, enfin la signature.

K. Modèle d'un Compte courant à intérêts directs.

Doit   *Monsieur GELLY, à Nonancourt, son compte courant et d'intérêts à 6 % l'an au 30 juin 1864.*   **Avoir.**

Doit

DATES.		DÉSIGNATIONS.	ÉCHÉANCES.		SOMMES.		JOURS.	NOMBRES.
1864								
Janvier	1	Ma Facture	Février	29	F.6,000	»	122	7,320
Mai	9	"	Juin	22	3,000	»	8	240
Juin	30	Intérêts (5,100 par 60). . . .	"	30	85	»		
					F.9,085	»		7,560
"	"	Solde nouveau	Juin	30	F.3,085	»		

Avoir

DATES.		DÉSIGNATIONS.	ÉCHÉANCES.		SOMMES.		JOURS.	NOMBRES.
1864								
Février	3	1 effet sur Paris.	Février	28	F.2,000	»	123	2,460
Juin	14	" Marseille	Juin	30	4,000	»	Epoque.	
"	30	Balance des nombres. . . .						5,100
"	"	Solde à nouveau	"	"	3,085	»		
					F.9,085	»		7,560

S. E. O.

Benfeld, le 30 juin 1867.

AUGUSTE URWILLER.

Opérations.

Toutes les sommes et échéances étant posées, on calcule :

1° Les jours de chaque somme (84).
2° Les nombres (85 et 86).
3° La balance des nombres (96 à 98).
4° Le diviseur (100 à 102).

5° Les intérêts (99).
6° Le solde (103 et 104).
7° Arrêter les sommes et les nombres.
8° S. E. O. (105).

L. Modèle d'un Compte direct à deux taux d'intérêts simples.

Doit   *Mademoiselle URWILLER, en ville, son compte courant et d'intérêts au 30 juin 1864.*   **Avoir.**

Doit

1864			Échéance		F.	c.	Nombres	Nombres
Janvier	1	Ma facture	Janvier	10	F.1,000	»	89	890
»	30	» »	Fevrier	20	100	»	48	48
Avril	8	» »	Mars	30	500	»	9	45
»	»	Nombre rouges du credit						2
»	»	Interêts (522 par 60) F. 8.70						
					F.1,600	»		985
»	»	Solde ancien	Avril	8	800	»	83	664
»	30	Ma facture	Mai	20	100	»	41	41
Juin	2	» »	Juin	30	300	»	Époque.	»
»	30	Nombres rouges du credit						50
»	»	Interêts (729 par 90) F. 8.10						
»	»	Total des interêts				16 80		
					F.1,216 80			755
»	»	Solde nouveau	Juin	30	F. 576 80			

Avoir

1864			Échéance		F.	c.	Nombres	Nombres
Janvier	9	Sa remise sur Lyon	Janvier	30	F. 500	»	69	345
Fevrier	1	» » » Paris	Fevrier	9	200	»	59	118
Mars	28	» » » Havre	Avril	10	100	»		522
Avril	8	Balance des nombres						
»	»	Solde à nouveau	»	8	800	»		
					F.1,600	»		985
Mai	4	4 effets sur divers	Juin	8	F. 100	»	22	22
»	15	1 » » Paris	»	20	40	»	10	4
»	30	2 » » Lyon	Juillet	10	500	»		729
Juin	30	Balance des nombres						
»	»	Solde à nouveau	Juin	30	576 80			
					F.1,216 80			755

S. E. O.

Benfeld, le 7 juillet 1867.

AUGUSTE URWILLER.

Opérations du compte L.

Ce compte a deux taux d'intérêts : le premier est en vigueur du 1er janvier au 8 avril, et le second du 9 avril au 30 juin.

OPÉRATIONS DE LA PREMIÈRE PÉRIODE.

Toutes les sommes du 1er janvier au 8 avril étant posées, on calcule :

Les jours (84) et (88 et 89) ayant le 8 avril pour époque (83).

Les nombres (85, 86 et 89).

La conversion des nombres rouges en nombres noirs (92).

La balance des nombres (96 à 98).

Les intérêts ou quotient de la balance des nombres (99), portés dans une colonne réservée.

Le solde à nouveau (103) sans les intérêts.

OPÉRATIONS DE LA DEUXIÈME PÉRIODE.

Toutes les sommes du 9 avril au 30 juin étant posées, on calcule :

Les jours ayant le 30 juin pour époque (83).

Les nombres rouges et noirs.

La conversion des nombres rouges en nombres noirs.

La balance des nombres.

Les intérêts.

L'émargement des intérêts dans la colonne des sommes.

Le solde (103 et 104) comprenant les intérêts.

M. Modèle d'un compte direct à trois taux d'intérêts simples.

Doivent *Messieurs Ed. VAUCHER et Cⁱᵉ, à Mulhouse, leur compte courant et d'intérêts au 30 juin 1864.* **Avoir.**

Doivent

1864			Intérêts	Échéance		Capital		Jours	Nombres
Janvier	6	Mon retour		Decemb.	28	F. 200	»	54	108
Février	2	Ma facture		Février	15	300	»	5	15
"	20	Intérêts (123 par 60) 6 %	F. 2 05						
						F. 500	»		123
"	"	Solde ancien . . .		Février	20	F. 400	»	70	280
Mars	8	Ma facture		Mars	15	600	»	46	276
"	12	" " . . .		"	31	100	»	30	30
Avril	30	Intérêts (402 par 40) 9 %	10 05						
"	"	Solde à nouveau . .		Avril	30	100	»		
						F.1,200	»		586
Mai	9	Ma facture		Mai	15	F. 200	»	46	92
"	30	" "		Juin	30	600	»	Epoque	"
Juin	30	Balance des nombres .							107 -
"	"	Balance des intérêts					10 30		
			F. 12 10			F. 840	30		199
"	"	Solde nouveau .		Juin	30	310	30		

Avoir

1864			Intérêts	Échéance		Capital		Jours	Nombres
Février	2	1 effet sur Lyon . . .		Février	20	F. 100	»	Ipoque	
"	20	Balance des nombres .		"	"	400	»		123
"	"	Solde à nouveau . .							
						F. 500	»		123
Mars	1	2 effets sur Paris . .		Mars	15	F. 400	»	46	184
"	31	4 " " Benfeld .		Avril	30	800	»	Epoque	
Avril	30	Balance des nombres .							402
						F.1,200	»		586
"	"	Solde ancien		Avril	30	F. 100	»	61	61
Mai	12	Leur remise sur Havre .		Mai	20	300	»	41	123
"	31	" " " Douai .		Juin	15	100	»	15	15
Juin	30	Intérêts (107 par 60) 6 %	F. 1 80						
"	"	Balance des intérêts .	10 30						
"	"	Solde à nouveau . . .		Juin	30	310	30		
			F. 12 10			F. 840	30		199

S. E. O.
Benfeld, le 7 juillet 1867
Auguste Urwiller.

Opérations du compte M.

Ce compte a trois époques (83) ayant trois sortes d'intérêts et doit être partagé en trois périodes.

Le premier taux d'intérêts est en vigueur jusqu'au 20 février.

Le second taux du 21 février au 30 avril, et le troisième taux du 1er mai au 30 juin.

PREMIÈRE PÉRIODE.

Toutes les sommes jusqu'au 20 février étant posées, on calcule :

Les jours (84) ayant le 20 février pour époque (83).

Les nombres (85 et 86).

La balance des nombres (96 à 98).

Les intérêts ou quotient de la balance des nombres (99) portés dans une colonne réservée.

Le solde à nouveau sans les intérêts (103).

Arrêter capitaux et nombres.

SECONDE PÉRIODE.

Les sommes du 21 février au 30 avril étant posées, on fait :

Les jours ayant le 30 avril pour époque.

Les nombres.

La balance des nombres.

Les intérêts que l'on porte dans la colonne réservée.

Le solde sans les intérêts.

Arrêter capitaux et nombres.

TROISIÈME PÉRIODE.

Toutes les sommes du 1er mai au 30 juin étant posées, on fait :

Les jours ayant le 30 juin pour époque.

Les nombres.

La balance des nombres et les intérêts posés dans leurs colonnes.

La balance des intérêts, placée, dans la colonne des intérêts, du côté le plus faible, et dans la colonne des capitaux, du côté où les intérêts sont les plus forts.

Le solde à nouveau, intérêts compris (103 et 104).

Arrêter le compte (105).

TABLE DES MATIÈRES.

COMPTE RENVERSÉ.

COMPTE DIRECT.

STRASBOURG, TYPOGRAPHIE DE G. SILBERMANN.